Möge dein Haus voller Lachen sein

Hermann Multhaupt (Hg.)

Möge dein Haus voller Lachen sein

Segenswünsche aus Irland

Matthias-Grünewald-Verlag · Mainz

Fotos vom Autor, mit Ausnahme der Seiten 10, 11, 13, 21, 22, 26, 31, 32, 34, 41, 47, 48, 50, 54, 55, 57, 92 (Wolfgang Harms) und 17, 27, 35, 58, 59, 70, 71, 84, 93 (Klaus Hintze)

verlags gruppe engagement

Der Matthias-Grünewald-Verlag ist Mitglied der Verlagsgruppe engagement

Die Deutsche Bibliothek – CIP-Einheitsaufnahme

Ein Titeldatensatz für diese Publikation ist bei Der Deutschen Bibliothek erhältlich

Umschlag: Kirsch & Buckel Grafik-Design GmbH, Wiesbaden
Foto: © The Stock Market / Charles Gupton
Druck und Bindung: Pustet, Regensburg

ISBN 3-7867-2268-4

Inhalt

Vorwort

Irische Segenswünsche begegnen uns heute in mannigfacher Gestalt. Sie sind das Erbe eines mit Natur, Umwelt und Religion tief verwurzelten Volkes, das bei allen Gelegenheiten – etwa bei Antritt einer Reise, bei der Arbeit, beim Zusammentreffen mit Nachbarn, mit kleinen Erlebnissen – gute Wünsche aussprach, das sich aber auch im Zwiegespräch mit Gott und den vielen Heiligen der „Grünen Insel" einer unkomplizierten Sprache bediente, mit dem Himmel gleichsam „auf Du" stand. Viele Segenswünsche haben eine alte Tradition, die in der Frühzeit der irischen Kirche ihre Wurzeln hat.

Zu den Menschen, die das alte Volksgut zu erhalten trachteten, gehörte der erste irische Präsident, Douglas Hyde, führender Mitbegründer der „Gälischen Liga", die es sich zur Aufgabe gemacht hatte, die Dichtung in der Ursprache der Iren, dem Gälischen, vor dem Vergessen zu bewahren und neu zu beleben. Hyde (1860–1949) war der direkte Nachkomme einer Dynastie von Geistlichen, die über fünf Generationen der „Church of Ireland" angehört hatten. Als Professor für modernes Irisch an der National-Universität sammelte er gälische Gedichte und Volkserzählungen und veröffentlichte sie zweisprachig.

In den 80-er Jahren des 20. Jahrhunderts kam das Interesse an irischen Segenswünschen abermals auf.

Seither lassen sich nicht nur in Irland immer wieder neue Bucheditionen finden.
Möge auch die vorliegende Auswahl alter irischer Segenswünsche und Gebete wieder zahlreiche Leserinnen und Leser finden.

Hermann Multhaupt

Ein neuer Tag von deiner großen Ewigkeit

Ein neuer Tag von deiner Ewigkeit

Einen neuen Tag von deiner großen Ewigkeit
schenkst du mir, o Gott,
Ein neuer Tag gibt mich
in deine liebende Hand.
Du bist der Stern des Morgens,
du bist der Tag, der frisch geboren wurde.
Du bist das Licht unserer Nacht,
du bist der Retter dank deiner Macht.
Gott, sei den ganzen Tag bei mir,
Gott, bleibe stets an meiner Seite,
Gott, sei auch da in der Nacht,
erhalte uns durch dein Licht.
Gott, sei in meinem Herzen,
Gott, bleibe, gehe nie fort.

Segne mich, Herr

Segne mich, Herr,
wenn ich aufstehe.
Segne mich, Herr,
wenn ich den Morgen willkommen heiße.
Segne mich, Herr,
wenn ich hinausgehe
in den Stall,
auf die Felder,
an den Bach,
um die Tiere zu begrüßen.
Segne auch den Nachbarn,
der am Zaun auf mich wartet.
Segne uns alle, Herr,
die wir unterwegs sind,
lass uns dir die Ehre geben.

Möge das erste gute Wort,
das du am Morgen sprichst,
eine Brücke sein in den jungen Tag.

Möge der Morgen dich beim Aufwachen
frisch und fröhlich antreffen.

Möge der erste Schluck Milch am Morgen
deine Seele beleben.

Wenn ich heute aufstehe ...

Wenn ich heute aufstehe, o Herr,
sei meinem Fuß eine Stütze.
Wenn ich heute an die Meinen denke,
sei meiner Liebe Antrieb.
Wenn ich heute meiner Arbeit nachgehe,
gib meinen Armen Kraft.
Wenn ich mich heute zum Essen niedersetze,
lass mich mit einem Hungrigen teilen.
Wenn ich mich heute müde schlafen lege,
sprich deine Segensworte über mich.

Halte mich in deiner Hand

Ich erhebe mich, Herr, mit dir,
mögest auch du dich mit mir erheben.
Wenn ich liege, sitze, stehe,
halte mich sicher in deiner Hand.

Abbild der göttlichen Schönheit

Entblöße deinen Kopf,
wenn der erste Strahl der Sonne
über den Horizont zuckt,
groß wie die Sonne
ist dein Gott,
feurig in Größe und Gewalt,
aufstrahlend in seiner Liebe zu den Menschen.
Möge die Sonne
ein Abbild göttlicher Schönheit sein.

Möge das Feuer, das du morgens
im Kamin entfachst,
nicht durch das Pusten des Teufels
entzündet werden.

Mögest du niemals denken,
die Arbeit eines schlechten Tages
verbessern zu können,
indem du sie später beginnst.

Gebet beim Aufstehen

Segne mich, o Gott,
auch alles, was mein Auge sieht.
Segne mich, o Gott,
auch jeden Ton, den mein Ohr hört.
Segne mich, o Gott,
auch jeden Duft, der durch mein
Nasenloch zieht.
Segne mich, o Gott,
auch jeden Geschmack, den ich auf
meinen Lippen spüre,
jeden Ton, der mein Lied bestimmt,
jede Spur, die meinen Weg leitet,
jede Sache, die ich betreibe,
jeden Anreiz, der meinen
Willen herausfordert,
den Eifer, nach dem meine
lebendige Seele trachtet,
die Dreifaltigkeit, nach der mein
Herz sucht,
den Eifer, den meine
lebendige Seele erstrebt,
die Dreifaltigkeit, nach der mein
Herz Ausschau hält.

Gott segne dieses Haus, und mögen deine Tage fröhlich sein

Des Himmels Zuneigung

Die Liebe und Zuneigung des Himmels mit dir,
die Liebe und Zuneigung der Heiligen mit dir,
die Liebe und Zuneigung der Engel mit dir,
die Liebe und Zuneigung der Sonne mit dir,
die Liebe und Zuneigung des Mondes mit dir
an jedem Tag und in jeder Nacht deines Lebens,
um dich von Menschen fern zu halten,
die dich hassen, die dir schaden und
dich unterdrücken wollen.

Sei gesegnet

Beim ersten Licht der Sonne
– sei gesegnet!
Wenn der lange Tag gegangen ist
– sei gesegnet!
In deinem Lächeln und in deinen Tränen
– sei gesegnet!
An jedem Tag deines Lebens
– sei gesegnet!

Die Freude Gottes zeige sich in deinem Gesicht,
Freude für alle, die dich sehen.
Gottes Allgegenwärtigkeit erhalte dich,
die Engel Gottes mögen dich schützen.

Wir müssen nichts fürchten

Gott Vater weilt in diesem Haus,
wir müssen nichts fürchten.

Der Sohn ist mit uns in diesem Haus,
er liebt uns über alle Maßen.

Der Heilige Geist unter uns in diesem Haus
hört unser Gebet.

Die Dreifaltigkeit in diesem Haus
ist uns immer ganz nah.

Bedenke, dass jemand, der an deine Tür klopft,
vom Himmel geschickt sein könnte.

Mögest du, der du fröhlich bist mit deinen Nachbarn,
in ihrem Leid nicht stumm werden.

Dein Lachen sei für den, der friert,
der beste Mantel aus Lammfell.

Der Herr segne dieses Haus

Herr, segne ...
jeden Sturz, jeden Stein, jeden Flur,
jenen Tisch, an dem wir sitzen,
die Räume und jene Tür,
die die Fremden willkommen heißt,
die sich den Armen ebenso öffnet
wie Feunden und Verwandten,
die Fenster, die das Sonnenlicht einlassen,
die Dachsparren hoch oben und die Mauern ringsum.
Gott erhalte uns glücklich und gesund
und gebe unseren Nachbarn Liebe und Frieden,
und wenn unsere Zeit auf Erden zu Ende ist,
schenke Gott uns die Krone des Lebens
und bringe uns in das königliche Haus des Himmels.

Segne diesen Raum

Mögen wir mit diesem Essen Gottes Güte feiern.
Möge das Festmahl Gemeinschaft mit Gottes Freunden sein.
Wie du die süßen Fruchtsäfte der Schöpfung trinkst,
mögest du die Sanftheit des Lebens Gottes in dich aufnehmen
und bewahrt bleiben von den Giften des Neides.

Mit Gottes Liebe

Mögen dieses Haus und alle,
die in ihm wohnen,
mit Gottes Liebe gesegnet sein.

Mögest du mit guter Gesundheit gesegnet sein,
um dich des Lebens zu erfreuen.

Der Morgen erfrische dich,
der Mittag erquicke dich,
der Abend segne dich.

Dir sei zugedacht ...

Dir sei ein besonderer irischer Wunsch zugedacht,
du kannst ihn in Cork oder Kerry hören:
Gott segne dich,
Gott segne dein Haus,
und mögen deine Tage fröhlich sein!

Ein langes Leben …

Mögen die Heiligen dich beschützen,
Sorgen dich vernachlässigen,
und Unglück komme über den,
der dich nicht achtet
und das, was zu dir gehört.
Ein langes Leben dir zu Ehren! –
Das ist das Ende meines Lobgesangs für dich.

… und einen frohen Sinn

Mögest du immer gute Gedanken haben
und einen frohen Sinn.
Gott schenke dir
das Lachen eines Kindes,
den Wagemut eines Mannes
und die Weisheit einer alten Frau.

Ich wünsche dir immer …

Ich wünsche dir immer einen heiteren Himmel
über allem, was du gern tust,
über den Dingen, die du liebst.
Gottes Segen umgebe dich ganz.
Sein Licht aus der Höhe erleuchte dich,
und tiefe Zufriedenheit fülle dich aus
– heute und an jedem Tag, der vorübergeht.

Mögen Sorgen dich meiden ...

Mögen die guten Heiligen dich beschützen
und heute segnen.
Mögen Sorgen dich meiden,
wo immer du gehst.

Möge der himmlische Vater dich
liebevoll in den Arm nehmen,
wenn du reißende Ströme überquerst
und den schwarzen Fluss des Todes.

Der Gott, der dich schuf,
geleite dich.
Der Gott, der dich bei deinem Namen rief,
führe dich.
Der Gott, der immer um dich ist,
zeige dir den Weg ins Paradies.

Gottes Gnade

Gottes Gnade falle wie Tropfen auf dich herab,
Christi Gnade komme über dich,
die Gnade des Heiligen Geistes erfülle dich
an jedem Tag und in jeder Nacht,
solange du Anteil hast an dieser Welt,
ja, an jedem Tag und in jeder Nacht,
die du in der Welt zubringst.

Möge Gott dich schützen

Möge Gott dich schützen,
möge seine große Liebe
in deinem Haus
und in den Herzen aller bleiben,
die darin wohnen.

... vom Dach bis zum Fundament

Gott segne dieses Haus vom Dach bis
zum Fundament,
er segne die Fenster und die Tür,
Gott segne uns alle immer wieder.
Gott segne das Haus mit Wärme und Licht,
Gott segne jeden Raum mit seinem
machtvollen Arm,
Gott lege seine rechte Hand auf uns,
Gott sei mit uns an diesem bewohnten Ort.

Licht außen und innen

Möge der Segen des Lichtes über dir sein,
Licht außen und Licht innen.
Möge das gesegnete Sonnenlicht dich bescheinen
und dein Herz erwärmen
bis es wie ein großes Torffeuer glüht.
Möge der Fremde kommen und sich an ihm wärmen
und ebenso ein Freund.

Möge das Stroh nie faulen ...

Möge das Stroh auf deinem Dach nie faulen,
die Erde auf deinem Feld nie unfruchtbar,
das Fenster zum Hause deines Nachbarn nie
blind werden.
Die Tür aber stehe jedem offen,
der dich um Rat bittet oder um einen Whiskey.

... mit dem Geist der Gastfreundschaft

Fülle diesen Raum mit dem Geist der
Gastfreundschaft.
Möge jede Person, die hier schläft,
eingehüllt sein in die liebenden Arme
des Erlösers.

Dich beschützen

Möge der ewige Vater dich beschützen,
im Osten und Westen und wo immer du gehst.
Möge der Schutz Christi dich immer umgeben.
Möge Gott jeden deiner Schritte sicher machen,
möge Gott dir jeden Durchgang öffnen,
möge Gott jede deiner Straßen erhellen,
und möge Er dich
in den Schalen seiner eigenen zwei Hände tragen.

Du Gott der Geschöpfe und Gott der Güte,
möchten doch jeder Heilige
und die heilig gesprochenen Frauen im Himmel
in jeder Schwierigkeit von dir
Verantwortung übernehmen dürfen
für jede Seite und jede Richtung, in die du gehst.

Mögest du ein gutes Gehör haben,
wenn gute Worte dich erreichen,
aber schwerhörig sein,
wenn dich jemand verflucht.

Der Blick Gottes

Möge der Blick des großen Gottes,
der Blick Gottes der Herrlichkeit,
der Blick des Sohnes der hl. Jungfrau,
der Blick des liebenswürdigen Heiligen Geistes
auf dir ruhen und zu jeder Zeit
über dich wachen.
Er ruhe auf dir zu jeder Stunde –
sanft und großmütig.

Auf dem Felsen der Felsen ...

Möge dieses Haus
auf dem Felsen der Felsen gebaut sein,
auf dem Felsen Christi,
sodass kein Angriff es schwächen
und kein Leid es verwirren kann.
Möge der Engel, der Wache hält,
alle willkommen heißen, die diesen Ort betreten,
und alle zurückweisen, die ihm schaden wollen.

Möge das Glück dir auf deinen Wegen immer nahe sein

Hell auf deinen Weg ...

Wie die Wärme der Sonne
und das Licht des Tages
möge das Glück Irlands
hell auf deinen Weg leuchten.

Jeder neue Tag

Möge das Glück der grünen Insel
dir auf deinen Wegen immer nahe sein.
Mögen gute Freunde dich begleiten.
Möge jeder neue Tag, der kommt,
dir wirklich eine besondere Freude machen,
um dich aufzuheitern.

Von Anfang an

Möge der Sohn Gottes
von Anfang an meine Reise begleiten.
Möge der Sohn Gottes
die Bürgschaft für mich übernehmen,
wenn ich Hilfe brauche.
Möge der Sohn Gottes meine Wege ebnen.
Möge der Sohn Gottes
am Ende allen meines Trachtens und
Planens stehen.

Möge das Ziel, das du anstrebst,
nie weiter entfernt sein
als der kürzeste Weg zum Himmel.

*Wenn deine Schritte
unterwegs ermüden,
möge die Straße
dir entgegen-
kommen.*

Gebet vor einer Reise

Segne mich, o Gott,
und die Erde unter meinen Füßen.
Segne mich, o Gott,
und den Weg, auf dem ich gehe.
Segne mich, o Gott,
und die Dinge, derentwegen ich
unterwegs bin.
Du von Ewigkeit zu Ewigkeit,
segne mich auch, wenn ich raste.

Segne die Sache,
die meinen Geist bewegt.
Segne die Sache,
an der mein Herz hängt.
Segne die Sache,
auf die ich meine Hoffnung setze.
Du König der Könige,
segne meine Augen.

In Gälisch:

Am Beannachadh Turais

Eannaich dhomh, a Dhé
An cé atà fo m´chois,
Beannaich dhomh, a Dhé,
Am ceum a bheil mi dol;

beannaich dhomh, a Dhé,
An seun a bheil mo thoil;
A Ré nan ré,
Beannaich dhomh féin mo chlos.

Beannaich dhomh an nì
Air a bheil mi ´n ùidh,
Beannaich dhomh an nì
Air a bheil mo rùn;
Beannaich dhomh an nì
Air a bheil mo dhùil;
A Rìgh nan rìgh,
Beanaich dhomh fhìn mo shùil!

Gott gehe mit dir ...

Gott gehe mit dir,
wenn du auf der Straße bist,
geh hinaus in seiner Kraft.
Gott geht mit dir
auf deinem Weg.
Gott bewahre dich vor
jedem Streit,
Gott erhalte dir
Körper und Seele,
Gott schütze dich
wie die Jahre, die dahingehen.

Möge deine Straße mit freundlichen
Worten gepflastert sein.

Der Regen auf deinem Weg sei nie so wild
wie ein gereizter Stier.

Licht möge um dich sein

Licht möge um dich sein,
Licht außen und innen.
Wo du auch unterwegs bist,
mögest du freundlich gegrüßt werden
von dem, den du auf der Straße triffst.

Möge dich dein Schutzengel auf allen
Wegen begleiten
und dir dort, wo er dir nicht folgen kann,
einen deftigen Knotenstock in die Hand geben.

Möge Gott dich bei jedem Schritt beschirmen,
möge Christus dich auf jedem Weg begleiten,
möge der Heilige Geist jedes Gefälle vor dir
begradigen –
auf den Bergen und in der Ebene.

Möge ein blauer Himmel über dir lächeln

Möge die Sonne in deinen Augen nie untergehen.

Mögen gute Worte
mehr wiegen als die Pennies in deiner Tasche.

Möge niemand deinem Glück im Wege stehen
– wenn du teilst.

Möge das Glück dich verfolgen

Mögen deine Taschen schwer sein,
dein Herz aber sei leicht,
und möge das Glück dich verfolgen
an jedem Morgen und in jeder Nacht.

Sechzehn Füße ...

Eine Katze auf meinem Dach,
eine Kuh in meinem Stall,
drei Kinder in meinem Haus
und eine lachende Frau –
möge mein Glück stets
auf sechzehn Füßen stehen.

Haus voller Lachen

Möge dein Haus voller Lachen sein,
mögen sich deine Taschen mit Gold füllen,
und mögest du so viel Glück haben,
wie dein irisches Herz festhalten kann.

Aus dem Herzen eines Freundes

Ein irischer Segenswunsch
aus dem Herzen eines Freundes für dich:
Möge das Glück stets mit dir sein,
und mögen deine Freuden nie enden.

Webe deine Gedanken zu einem bunten Tuch,
das dich erfreut und andere wärmt.

Mögest du an deinem 50. Geburtstag
die Hälfte deines Lebens noch vor dir haben.

Mögest du auf Erden
mit einem Strohsack vorlieb nehmen,
im Himmel mit einem Daunenbett.

Möge dein Glück keine Kanten haben.

Das Grün der Wiesen ...

Das Grün der Wiesen
erfreue deine Augen,
das Blau des Himmels
überstrahle deinen Kummer,
die Sanftheit der Nacht
mache alle dunklen Gedanken
unsichtbar.

Mögen deine Wege dich stets aufwärts führen,
auch wenn du durch dunkle Täler
und durch enge Schluchten gehen musst.

Nur das Glück …

Mögen deine Sorgen gering,
die guten Wünsche für dich aber zahlreich sein,
und nur das Glück trete durch deine Tür.

Über alles ...

Mögen die Segenswünsche
und die Liebe des hl. Patrick
über dich kommen
– über dein Haus,
über deine Lieben,
über alles.

Gottes Huld umgebe dich,
Gottes Güte bekleide dich,
Gottes Erbarmen ermuntere dich,
Gottes Geleit beflügele dich
heute
und alle Tage deines Lebens.

Für kostbare und glückliche Stunden

Ich wünsche dir einen Regenbogen
nach Regenschauern
an einem Sonnentag.
Ich wünsche dir Meile für Meile irischen Lächelns
für kostbare und glückliche Stunden.
Ich wünsche dir Kleeblätter an deinem Torweg,
ebenso Frohsinn und Glück.
Ich wünsche dir eine nie endende Schar von Freunden
für jeden Tag,
dein ganzes Leben lang.

Möge Gott dir nur Glück schicken

Möge Gott in seiner Weisheit
und in seiner unendlichen Liebe
vom hohen Himmel
immer auf dich herabschauen.
Möge er dir nur Glück schicken,
Zufriedenheit und Frieden,
und möge der Segen, der auf dir ruht,
immerzu wachsen.

Am Ende eines steilen Pfades
möge dich die wärmende Sonne grüßen.

Alle Freude

Mögest du alle Freude haben, die du dir schuldest,
mögen die Jahre dir gnädig sein.
Möge ein blauer Himmel über dir lächeln,
und möge Gott dich lieben
– an allen deinen Tagen.

Mit Glück segnen

Möge der Schutzheilige Irlands
dich jeden Tag in sein Herz schließen
und dich auf besondere Weise
mit Glück segnen.

Die Fülle des Herzens

Möge dich jeder Tag froh stimmen.
Kein Tag soll dich traurig sehen.
Dein Leben sei reich und mache dich zufrieden.
Die Fülle des Herzens begleite deine Wege.
Zu Hause erwarte dich ein liebender Sohn,
und eine treue Tochter sehe deiner Ankunft entgegen.
Mögest du klüger sein als die Schlange
und mächtiger als die Kraft des Feuers.

Mögest du immer die Liebe Marias spüren
und den rettenden Arm des Erlösers.

Das mache dich glücklich!

So wie Er den neuen Glauben nach
Irland brachte,
so möge Er dir eine Kostprobe
irischen Glücks bringen
bei allem, was du tust.
Und wie der gute St. Patrick
mögen dein Haus und dein Leben
mit Gottes besonderer Gunst gesegnet sein.
Das mache dich glücklich!

Möge deine Kuh dir heute nicht in den Milchtopf treten

Mit Gottes Hilfe ...

Alles, was ich mit meinem Spaten umgrabe,
tue ich mit meines Gottes Hilfe.

Alles, was ich mit meinem Spaten umgrabe,
tue ich mit Hilfe meines Retters.

Alles, was ich mit meinem Spaten umgrabe,
tue ich mit Hilfe des Heiligen Geistes.

Alles, was ich mit meinem Spaten umgrabe,
tue ich mit Hilfe der göttlichen Dreifaltigkeit.

Jedes Mal, wenn ich den Boden umgrabe,
tue ich es um der Drei in Eins willen.

Möge die Saat, die du ausgestreut hast,
dir und den Deinen hundertfältige Frucht bringen,
tausendfältige jedoch, wenn du sie teilst.

Möge deine Kuh dir heute nicht
in den Milchtopf treten.

Der Regen meide dich,
nicht aber deine dürstende Saat.

Jeder Tag ist schön,
an dem deine Arbeit gelingt.
Mögest du viele schöne Tage haben.

Möge das Dach …

Möge das Dach
über deinem Kopf
nie rissig werden,
möge die Tür an deinem Haus
nie ihre Angeln verlieren,
das Feuer in deinem Herd
nie zu Asche zerfallen.

Mögest du dereinst behütet sein
unter dem Dach Gottes,
möge sich die Himmelstür
dir nicht verschließen,
und möge das Feuer des Geistes Gottes
dich ewig durchdringen.

Möge dich nie das Gefühl beschleichen,
einen Tag nutzlos verbracht zu haben.

Mögen deine guten Unternehmungen
nie durch die Hinterlist des Teufels
vereitelt werden.

Mögest du nie missgestimmt
auf dein Tagwerk zurückblicken.

Mögest du immer eine Tasse Milch
mehr im Topf haben, als du selbst trinken kannst.

Möge jeder Handgriff, den du tust,
eine Silbe von einem Gebet sein,
das du Gott schenkst.

Möge dein Ohr nie taub sein,
wenn jemand um einen Schluck Milch bittet.

Wenn du deinen Whiskey trinkst,
bedenke, dass es auch ein anderes
Wasser des Lebens gibt.

Möge eine schlechte Nachricht nie
schneller sein, als du laufen kannst.

Mögest du immer ein offenes Herz haben,
wenn dich jemand um Hilfe bittet,
aber eine verschlossene Börse,
wenn du mehr als drei Whiskey trinkst.

Smithwick's
HARP

Welche Geschäfte du auch immer betreibst,
stell dir vor, Gott könnte dein Partner sein.

Möge dein Webstuhl nur gute Gedanken
zu wärmenden Tüchern weben.

Möge die Wolle, die du spinnst,
nicht von schwarzen Schafen stammen.

Die Quelle der Wohltaten

Möge Gott das Wasser in deinem Brunnen
nie versiegen lassen,
möge Gott die Milch deiner Kuh
nie versiegen lassen,
möge Gott die Quelle der Wohltaten,
die du anderen erweist,
nie versiegen lassen.

Ich webe meine Kleider

Ich webe meine Kleider
im Namen des dreieinigen Gottes,
des Vaters, der Adam und Eva erkennen ließ,
dass sie nackt waren,
des Sohnes, der seiner Kleider beraubt wurde,
des Heiligen Geistes, der die Natur lenkt,
damit sie die Wolle wachsen lässt.

Möge ich mit meiner Arbeit wärmen,
die draußen in der Kälte sind.
Möge ich mit meiner Liebe beschenken,
die das Leben ohne Wärme ließ.
Möge Gott mit meiner Hände Werk
denen Gutes tun, die sich danach sehnen.

Wir laden dich ein

Wir laden dich ein, o Christus,
der Herr dieses Haushalts zu sein
und von allem, was zu ihm gehört.

Möge das Kreuz Christi zwischen dir
und all dem sein,
was in der Vergangenheit hier geschah.

Möge die Sünde nie mehr wiegen als ein Federkissen

Möge Gott dich segnen,
auch dann, wenn du ihm grollst.

Vor Gott sind alle Menschen gleich.
Doch er liebt dich besonders,
wenn du dich ihm
als schwarzes Schaf zu erkennen gibst.

Mögen deine Sünden
nie mehr wiegen als ein Federkissen.

Mögest du immer im Licht des Himmels stehen,
und wenn dich der Schatten des Bösen trifft,
möge er vor dir Reißaus nehmen.

Mögest du nie jemanden zum Feind haben,
es sei denn, es ist der Teufel.

Bedenke, dass es hundert Wege gibt,
um ins Verderben zu rennen,
aber nur eine Straße in den Himmel.

Möge die Kraft Gottes uns führen

Möge die Kraft Gottes uns führen.
Möge die Macht Gottes uns behüten.
Möge die Weisheit Gottes uns lehren.
Möge die Hand Gottes uns beschützen.
Möge der Weg Gottes uns lenken.
Möge der Schild Gottes uns verteidigen.
Möge das Heer Gottes uns bewahren
vor den Schlingen des Bösen
und den Versuchungen der Welt.
Möge Christus mit uns sein,
Christus sei über uns,
Christus in uns,
Christus vor uns.
Mögest du, o Gott,
uns immer retten,
an diesem Tag und für alle Zeit.

(St. Patrick, 373)

Mild und gut

Mögest du zu jedem armen Mann
mild und gut sein.
Wärme ihn, kleide ihn und gib ihm zu essen.
Gib den Armen freiwillig Almosen.
In der Gestalt des armen Menschen
kam Christus vom Himmel.

Erkenne immer die Treue Gottes

Mögest du nie mit einer großen Last
nach Hause kommen,
und wenn, dann bereue deine Sünden.
Erkenne immer die Treue deines Gottes,
an jedem Tag,
auch an diesem Tag.
Mit aller Liebe deines Herzens
und der immer blühenden Hoffnung
weiche nie von ihm.
Am Fuße seines Kreuzes rufe zu ihm:
Jesus, mein Herr, beuge dich doch zu mir
herab.

Ich trage eine Last

Ich, der ich schwach bin, trage eine Last.
Es ist die Last meiner Sünden, die ich klagend bereue.
Ich vertraue täglich auf die Treue meines Gottes,
der mein Herz mit Liebe umgibt
und mir immer wieder Hoffnung macht.
Am Fuß seines Kreuzes rufe ich zu ihm:
Mögest du, Herr Jesus, dich gnädig zu mir herabbeugen.

Gott sucht dich,
und wärst du ein Holzsplitter im Ozean.

Nicht schwach und anfällig

Mögest du nicht schwach und anfällig sein
und zum Bösen verleitet werden.
Die Hölle verfolgt jeden Menschen,
Kleriker und Laien,
jeden Tag.
Erinnere dich stets an das, was ich sage.

Deine Seele zu retten ...

Mögest du stets das Grab vor Augen haben,
in dem du einst liegen wirst,
in dem dein schöner Leib zu Erde wird
und sich bald in Staub verwandeln muss.
Mögest du auch immer
den Berg des Gerichtes vor Augen haben,
aber auch die Quelle, aus der die Gnade strömt.
Denke rechtzeitig an deine Vergehen
und beizeiten an Reue,
schlage an deine Brust.
Wenn du abends zu Bett gehst,
denke daran, deine Seele zu retten
und wisse, dass das dunkle Grab vor dir gähnt.
Vertraue dich Gott und dem ewigen Leben an,
aber vergib auch denen,
die an dir gefehlt haben.

Möge dein Arm nicht erlahmen

Möge dein Arm nicht erlahmen,
wenn du die Hand zur Versöhnung ausstreckst.
Möge dein Fuß nicht müde werden,
wenn du auf deinen Widersacher zugehst.
Mögen dir die Flügel eines Engels wachsen,
wenn du von diesem Gang zurückkehrst.

Bitte an Maria

Maria, liebe Mutter Gottes,
höre diesen Tölpel, der zu dir ruft,
jetzt und in der Stunde des Todes,
wenn der letzte Atemzug verhaucht.

Bitte deinen Sohn, dass er mir gewogen ist,
sage ihm, dass es dein Wille ist,
mir beizustehen.
Bitte ihn, dass er sich deiner Meinung anschließt.

Bitte den Vater höchstselbst
und auch den Heiligen Geist für mich.
Sie, zusammen mit dem Sohn,
sind eins, eins in drei.

Ich fürchte Gottes Rache,
sein Zorn ängstigt mich.
Ich sehe sein Schwert über meinem Kopf.
Ich habe mich verhalten,
dass ich die Schneide des Schwertes verdiene –
wenn du sie nicht von mir abwendest, Maria.

Mögest du jeden Tag spüren,
dass auch die dunkelste Stunde
einen göttlichen Schimmer besitzt.

Möge der Teufel keinen Grund haben,
dir die Ewigkeit zur Hölle zu machen.

Wenn du betest,
kannst du nicht fehlgehen,
auch wenn hundert Wegweiser
dir eine andere Richtung anzeigen.

Sieben Sünden

Sieben geschäftige Sünden
haben sich in meiner Brust eingenistet,
obgleich der Platz eng ist,
und sie haben Macht über mich bekommen
und über alles, was zu mir gehört.
Mögen sie bald einen strengen Meister finden,
der Macht hat über sie.

Von tausend Engeln ...

Mögen deine Pfade ins Leben
von tausend Engeln begleitet sein,
wenn du aber fällst,
mögen zehntausend Engel dich auffangen.

Möge jedes Gebet eine Sprosse auf der Leiter ins Paradies sein

Drei Tropfen Weihwasser ...

Drei Tropfen Weihwasser
dir zu Ehren, du Mutter des
kleinen Jesus.
Drei Tropfen Weihwasser
dir zur Verehrung,
du großer St. Patrick.
Drei Tropfen Weihwasser
euch zu Gefallen,
ihr Heiligen der „Grünen Insel".
Drei Tropfen Whiskey
auf meine Zunge
und drei dazu
mir zur Gesundheit.

Umgib mich, Herr

Umschließe mich, Herr,
bleib mir mit deinem Schutz nahe,
und halte jede Gefahr von mir ab.
Schließe mich in dich ein, o Gott,
lass nur die Hoffnung bestehen,
und gib dem Zweifel keinen Raum.
Umgib mich, Herr,
erhalte mir das Licht,
und sperre die Dunkelheit aus.
Umspanne mich, o Gott,
lass Frieden in mir gedeihen,
das Böse sei mir fern.

Beim Brotbrechen

Gott sei bei mir beim Brotbrechen.
Gott segne mein Herz, meine Hände,
meinen Kopf.
Gott sei bei mir, wenn ich den Wein opfere.
Gott segne Körper und Seele, sie sind dein.

Gott, gegenwärtig in Wein und Brot,
bleib bei mir, Herr, wenn ich esse.
Segne den Weg, auf dem ich gehe,
führe mich in dieser irdischen Welt.

Gott, der du bist in Brot und Wein,
mein ganzes Leben sollst du umwinden.
Segne, o Gott, das Leben, das ich führe,
von Sünde und Makel halte mich frei.
Deine Gegenwart komme zwischen mich
und alle schlimmen Dinge.
Deine Gegenwart komme zwischen mich
und alle gemeinen Dinge.
Deine Gegenwart komme zwischen mich
und alle arglistigen Dinge.
Deine Gegenwart komme zwischen mich
und alle schändlichen Dinge.
Beschütze mich, o Gott,
wie deinen Augapfel,
verberge mich unter dem Schatten
deiner Flügel.

Du guter Hirte

Gott, du guter Hirte,
sei über mir, um mich zu beschirmen,
sei unter mir, um mich zu stützen,
sei hinter mir, um mich zu lenken,
sei vor mir, um mich zu leiten,
sei um mich herum, um mich zu beschützen,
sei mit mir, um mich zu retten,
sei über mir, um mich zu dir aufzuheben
und mich auf die grüne Weide des ewigen Lebens
zu führen.

Reiche mir deine Hand

Herr, aus dieser stürmischen See der Welt
reiche mir deine Hand, um mich emporzuheben.
Gott, führe mich aus der dunkelsten Nacht.
Gott, ziehe mich in das Reich des Lichtes empor.
Gott, befreie mich von den Qualen des Leibes.
Gott, nimm mich zu dir, und mache mich gesund.
Gott, bewahre mich vor den Dingen, die ich fürchte.
Gott, schütze mich vor dem lebenden Tod.
Gott, hilf mir auf von dem Platz, an dem ich liege.
Gott, richte mich auf, dass ich niemals sterbe.

Gott vor und hinter mir

Gott vor mir, Gott hinter mir,
Gott sei auf dem Weg, auf dem ich verschnaufe.
Gott über mir, Gott unter mir,
Gott sei überall, wo ich gehe,
Gott sei in der Höhe,
Gott sei im Schatten,
Gott sei im Licht,
Gott halte mich in seinem Arm,
er komme mir zur Hilfe.

Du bist ...

Du bist der Rufer,
du der Arme,
du bist der Fremde an meiner Tür.

Du bist der Wanderer,
du der Hungernde,
du bist der Heimatlose
ohne Bett.

Du bist der Mensch,
in den Wahnsinn getrieben,
du bist das Kind,
das im Schmerz schreit.

Du bist der andere,
der zu mir kommt,
wenn ich begreife,
dass du in mir geboren bist.

Christus bei mir

Christus stehe mir gegenüber,
Christus gehöre ganz zu mir,
Christus gehe mir voran,
Christus gehe hinter mir,
Christus stehe über mir,
Christus stehe unter mir,
Christus sei mit mir auf dem Weg,
Christus umgebe mich
am Montag und am Sonntag.
Ja, Christus umgebe mich allezeit.

Gott halte dich in seiner Hand

Gott halte dich in seiner Hand,
wenn die Klippen steil sind.
Gott halte dich in seiner Hand,
wenn die Nacht trostlos ist.
Gott halte dich in seiner Hand
auf dem Weg, den du beschreitest.
Gott halte dich in seiner Hand
und sei zu deinen Häupten.

Möge dein Schutzengel
nie mehr Arbeit mit dir haben,
als der Besitzer von einem Sack Flöhe.

Bei Krankheit

Möge der Vater zu meinen Füßen stehen,
der Sohn zu meinen Knien,
der Heilige Geist sei in meinem Herzen,
und Maria wache über mich.

Beim Betreten des Hauses eines Kranken

Möge Segen sein über dich, heiliges Kreuz,
du Baum von frischem grünem Wuchs.
Du heiliges Kreuz, segne mich beim
Wiederkommen,
bei meinem Ein- und Ausgang.

Ich betrete dieses Haus,
das ein Ort der Krankheit ist.
Möge Christus in meiner Gesellschaft mit
hineingehen,
möge ich ihn aber nicht wieder hinausbegleiten.

Auch im Alter

Möge die rechte Hand Gottes
uns auch im Alter immer führen.
Die Gnade Christi verteidige uns immerzu
gegen den Feind.
O Herr, lenke unsere Herzen auf friedliche Wege,
durch Christus, unseren Herrn.
(Aus dem Buch von Cerne, Bischof Edelward, 9. Jh.)

Möge jedes Gebet, das du sprichst,
eine Sprosse auf der Leiter ins Paradies sein.

Viel Segen von oben

Möge unser gesegneter, guter St. Patrick,
den wir alle so herzlich lieben,
immer ein verlässlicher Mittler sein
und dir viel Segen von oben bescheren.

Mögen die guten Heiligen dich beschützen,
der Teufel aber vergesse dich!

Lasst uns preisen ...

Lasst uns jetzt
den Herrscher des himmlischen Reiches preisen,
die Macht des Schöpfers
und seine vom Geist erfüllten Gedanken,
die großartigen Werke des Vaters.
Für jedes Wunder
hat er, der Herr, der Ewige, den Grund gelegt.
Er formte für die Geschöpfe der Menschheit
zuerst den Himmel als ihr Dach,
er, der heilige Schöpfer.
Dann schuf er die Welt,
er, der Lenker des Menschheitsgeschlechts,
der ewige Gott.
Später entwarf er die Erde für die Menschheit,
er, Gott, der Allmächtige.

(Caedmon, 7. Jahrhundert)

Ich beuge mich

Ich beuge mich vor dem Vater,
der mich erschuf.
Ich falle auf die Knie vor dem Sohn,
der mich erlöste.
Ich verneige mich vor dem Heiligen Geist,
der mich lenkt.
Ich schenke meine Lippen,
ich schenke mein Herz,
ich schenke meinen Verstand,
ich schenke meine Kraft.
Ich beuge mich und bete an
die Heiligen Drei,
den ewig Einen,
die Dreifaltigkeit.

Es gibt nichts ...

Tausche den Gottesdienstbesuch
nicht gegen irgendetwas,
es gibt nichts in der weiten Welt,
was ihn übertrifft.
Wir loben und danken
dem einzigen Sohn Gottes,
der mit Leib und Seele von den Toten auferstand.

Dank sei dir

Dank sei dir, Gott, für die Talente,
die du mir gegeben hast,
für jeden Tag, jede Nacht
zu Lande und zu Wasser,
für jedes Wetter, heiter, wild und ruhig.
Dank für dein Auge,
um Schaden von mir abzuwenden,
für jede Zeit,
für Ebbe und Flut,
für deinen Arm, den du um mich legst.
Für jedes Geschenk möchte ich dir danken.
Die beste Gabe bist du selbst für mich.

Alles, was ich bin

Alles, was ich bin, gebe ich dir, o Herr.
Alles, was ich bin, gebe ich dir.
Alles, was ich habe, teile ich mit dir, Herr.
Alles, was ich habe, teile ich mit dir.
Mein ganzes Leben gehört dir, Herr.
Mein ganzes Leben gehört dir.
Alle meine Wünsche sind dein, o Gott.
Alle meine Wünsche sind dein.
Alle meine Hoffnungen setze ich in dich, o Herr.
Alle meine Hoffnungen setze ich in dich.
Alles, was ich wünsche, bist du, o Herr.
Alles, was ich wünsche, bist du.

Gib mir, o Gott ...

Gib mir, o Gott,
ein klares und wachsames Auge.
Gib mir, o Gott,
ein starkes und doch sanftes Gefühl.
Gib mir, o Gott,
ein gutes, aufnahmebereites Ohr.
Gib mir, o Gott,
einen sauber unterscheidenden Geschmack.
Gib mir, o Gott,
einen feinen Geruchssinn.
Gib mir, o Gott,
Empfänglichkeit für andere.
Gib mir, o Gott,
ein klares Bewusstsein für dich.
Gib mir, o Gott,
was mein Leib nötig hat.
Gib mir, o Gott,
was meinen Sinn erneuert.
Gib mir, o Gott,
was meinen Geist erstarken lässt.
Gib mir, o Gott,
Heilung für meine Krankheit.
Gib mir, o Gott,
Reue für meine Sünden.
Gib mir, o Gott,
dich selbst statt sonst etwas.

Die letzte deiner Nächte möge von tausend Lichtern erhellt sein

Ewiges Licht scheine …

Ewiges Licht scheine in unsere Herzen,
ewige Güte befreie uns vom Bösen,
ewige Kraft sei unsere Stütze,
ewige Weisheit zerstreue das Dunkel
unserer Unwissenheit.
Ewiges Erbarmen werde uns zuteil,
damit wir mit unserem ganzen Herzen
und Verstand,
mit unserer Seele und Kraft dein Antlitz suchen
und durch deine unendliche Gnade und
Barmherzigkeit
zu deiner heiligen Anschauung gelangen.

(Alcuin von York, 8. Jahrhundert)

Mögest du auch in der letzten deiner Nächte
so wachsam sein,
dass du den Weg in den Himmel nicht verfehlst.

Mögen die,
die auf dem Weg zum Himmel
vorausgegangen sind,
uns gute Wegweiser sein.

Mögen die,
die man zur ewigen Ruhe gebettet hat,
die Posaune des Jüngsten Gerichtes
nicht verschlafen.

St. Brigid, St. Patrick, St. Columba,
St. Finian und alle Heiligen
mögen dir bei deiner Ankunft im Himmel
ein Lächeln des Willkommens schenken.

Jede Farbe des Regenbogens

Es gibt keine Fäden, die ich nicht berührt hätte,
jede Farbe des Regenbogens
sah ich auf meinem Webstuhl,
ging durch meine Finger unter dem Webkamm.
Weiße und schwarze, rote und Pflanzenfarben,
grüne, dunkelgraue und scharlachrote,
blaue und rötliche und solche wie die Farbe der Schafe,
und niemals litt ein Teilchen des Tuches Mangel.

Ich ersuche die ruhige, großmütige Brigid,
ich ersuche die milde, liebevolle Maria,
ich ersuche den menschenfreundlichen Jesus Christus,
dass ich ohne sie nicht sterben möge,
dass ich ohne sie nicht sterbe.

Beim Anblick eines Regenbogens

Regenbogen, o Regenbogen!
Sieben Engel in den Lüften
tragen des Zimmermanns Arbeitskluft.
Ein Engel trägt den roten Zollstock
des hl. Josef.
Ein Engel trägt die orangefarbene Wasserwaage
des hl. Josef.
Ein Engel trägt die gelbe Holzaxt
des hl. Josef.
Ein Engel trägt die grüne Lochsäge
des hl. Josef.
Ein Engel trägt den blauen Hammer
des hl. Josef.
Ein Engel trägt den veilchenfarbenen Leim
des hl. Josef.
Ein Engel trägt die farblosen Nägel
des hl. Josef.

Sieben Engel in den Lüften,
sie tragen des Zimmermanns Arbeitskluft.
Sieben Engel bauen in Gottes Namen eine Brücke.
Eine starke Brücke, die nicht bricht,
eine starke Brücke, die nicht zusammenfällt,
eine starke Brücke, die keine Flamme verzehrt.
Sieben Engel Gottes bauen eine starke Brücke,
über die die Seelen unserer lieben Toten ziehen,
vom Fegfeuer bis vor den himmlischen Thron.
Bis vor den Thron der heiligen Dreifaltigkeit,
die lebt und herrscht von Ewigkeit zu Ewigkeit,
Amen!

Möge der, der dich auf Erden
geringschätzig mit Füßen trat,
im Himmel dein Schuhputzer sein.

Mögest du immer Ausschau nach der
Ewigkeit halten,
aber darüber den Blick für deine Aufgaben
auf Erden nicht vernachlässigen.

Möge das letzte Blatt der Esche
in deinem Garten
dich an die letzte Seite
im Buch deines Lebens erinnern.

Möge die schwerste deiner Stunden
vom Gesang der Engel begleitet sein.

Nicht in der prachtvollen Kutsche

Rechne nicht damit,
dass du in einer prachtvollen Kutsche
in die Ewigkeit gelangst.
Wenn Gott dich aber sechsspännig einfahren lässt,
möge die Tür zum Paradies
größer als ein Mauseloch sein.

Der hl. Patrick feilsche ...

Der hl. Patrick feilsche um deine Seele,
wie er auf dem heiligen Berg
in vierzig Tagen für die Rettung der Seelen kämpfte
und in vierzig Nächten um ihre Seligkeit focht.
Er verrichte so viele Gebete für dich,
wie Raben um seinen Berg flattern,
wie Fische in der See
und Fäden in seinem Messgewand sind.

Die letzte deiner Nächte
möge von tausend Lichtern erhellt sein.

Biete dem Engel,
der deine Seele heimwärts trägt,
keinen Whiskey zum Dank an,
er könnte den Weg zum Himmel verfehlen.

Mögest du jeden Tag ruhig erwarten
– auch den letzten deines Lebens.

Möge der letzte Tag in deinem Leben
dich an das Tor der Glückseligkeit führen.

Möge die Totenruhe deiner Lieben
nicht für immer gelten.
Mögen sie erwachen,
wenn der Posaunenschall des
Jüngsten Gerichtes ertönt.

Möge der Teufel am Tag deines Todes
von der Influenza geplagt werden.

Möge der Teufel den Tag deines
Todes verschlafen.

Möge der Erzengel Michael,
der deine Seele am Tag des Gerichtes wiegt,
die Gewichte zu deinen Gunsten vertauschen.

Möge der Teufel eine schlechte
Buchführung haben.

Möge dein Schutzengel am Tag des Gerichtes
seine beste Stunde haben.

Möge der Geruch des heimischen Torffeuers
dich immer nach Hause ziehen,
der Duft des Gebetes jedoch in die ewige Heimat.

Bitte

Sei du, o Gott, ein sanfter Weg vor mir,
sei du ein leuchtender Stern über mir,
sei du ein scharfes Auge hinter mir,
an diesem Tag, in dieser Nacht, für immer.

Ich bin müde, und ich bin hilflos,
geleite du mich ins Land der Engel;
es wird Zeit, dass ich in ein anderes Land reise,
an den Hof Christi, in den Frieden des Himmels.

Es gibt nur dich, o Gott des Lebens,
lebe mit mir in Frieden, sei meine Stütze,
sei für mich wie ein Stern, sei wie ein Ruder,
wenn ich mich zum Sterben niederlege,
bis zur Auferstehung.

Möge der Himmel
dir nie langweilig werden.

Möge der Abend dich mit sanften Schatten begrüßen

Wenn ich in den Schlaf falle …

Wenn ich in den Schlaf falle,
bleibe, Vater, bleibe.

Da ich nach sicherer Ruhe strebe,
schließe du, Christus, meine Augenlider.

Da ich schlafen möchte,
segne du mich, Heiliger Geist.

Ihr heiligen gesegneten Drei,
schließt mich in euch ein,
damit ich erfrischt aufwache,
um wieder um euretwillen
an die Arbeit zu gehen.

Mögest du den Tag so beschließen,
als wenn es der letzte in deinem Leben wäre.

Mögest du den Abend nie herbeisehnen,
ohne ein Lächeln auf das Gesicht deines Nachbarn
gezaubert zu haben.

Möge der Weg zu deinem Haus
auch bei Dunkelheit begehbar sein.

Möge der Tag sich mit einer lichten Wolke
von dir verabschieden.

Möge der Abendwind nie heftiger
als der Sturm am Morgen sein.

Möge St. Patrick dir seinen Abendsegen
nie verweigern.

Möge das Feuer in deinem Herd auch in der
dunkelsten aller Nächte nie verlöschen.

Möge jede Nacht dir so viel neue Kraft schenken,
um dem neuen Tag ausgeruht entgegentreten zu
können.

Möge der Abend dich mit sanften Schatten
begrüßen,
die Nacht aber tauche dich nicht in Finsternis.

Möge die Hand Gottes unter deinem Haupt
dir ein sanftes Ruhekissen sein.
Wenn du dich aber noch mit jemandem
versöhnen musst,
mögest du auf einem Stein schlafen.

Mögen dich erfreuen ...

Mögen dich die roten Sonnenuntergänge,
die hoch auf den Zweigen des Abends wachsen,
erfreuen,

so wie die knospende farbige Morgendämmerung,
die in der Luft im Osten aus der Erde steigt.

Literatur zum Thema

Alexander Carmichael: Carmina Gadelica – Hymns & Incantations – Floris Books, Edinburgh.
Anthony Duncan: A little Book of Celtic Prayer – A daily companion and guide. Marshall Pickering, London.
Douglas Hyde: The Songs of Connacht (Amhráin Chúige Chonnacht), Irish Academic Press, Kill Lane, Blackrock, Co. Dublin, und Irish University Press, Shannon.

Ein herzlicher Dank gilt Diarmuid O'Laoghaire SJ, Dublin, für seine freundliche Unterstützung.